AF322512

RÉPUBLIQUE FRANÇAISE

MINISTÈRE DE LA GUERRE

INSTRUCTION DU 18 OCTOBRE 1902

SUR

L'ORGANISATION & LE FONCTIONNEMENT

DE

l'École Normale de Gymnastique et d'Escrime

PARIS

HENRI CHARLES-LAVAUZELLE

Éditeur militaire

10, Rue Danton, Boulevard Saint-Germain, 118

(MÊME MAISON A LIMOGES)

RÉPUBLIQUE FRANÇAISE

MINISTÈRE DE LA GUERRE

Direction de l'Infanterie; Bureau de l'Instruction, etc. — N° 108.

Instruction sur l'organisation et le fonctionnement de l'Ecole normale de gymnastique et d'escrime.

Paris, le 18 octobre 1902.

I. — But de l'Ecole.

Art. 1. L'Ecole normale de gymnastique et d'escrime a pour but :

1° D'enseigner aux officiers tout ce qui se rattache à la pratique des exercices du corps et à l'éducation physique du soldat ;

2° De former des moniteurs susceptibles d'enseigner la gymnastique dans les écoles militaires et dans les corps de troupe de l'artillerie, du génie et des troupes coloniales ;

3° De former des maîtres d'armes pour l'enseignement de l'escrime ;

4° D'étudier tous les perfectionnements à apporter aux méthodes d'enseignement de la gymnastique et de l'escrime, d'expérimenter les procédés nouveaux et de proposer au Ministre les mesures propres à en vulgariser l'usage dans l'armée.

II. — Organisation et régime intérieur de l'Ecole.

Art. 2. L'Ecole est placée sous les ordres directs du Ministre de la guerre.

La composition des cadres est déterminée par le décret du 7 août 1902.

L'Ecole est administrée d'après les dispositions du règlement du 26 juillet 1893 sur l'administration et la comptabilité des écoles militaires.

Les officiers du cadre fixe, les officiers et les hommes de troupe du cadre mobile portent la tenue de leur corps d'origine.

Les hommes de troupe du cadre fixe portent la tenue de l'infanterie.

Les prescriptions du règlement sur le service intérieur des corps de troupe sont applicables à l'Ecole en tout ce qui n'est pas contraire au présent règlement.

Art. 3. L'enseignement est donné d'après des programmes arrêtés par le Ministre.

L'Ecole comprend deux divisions d'instruction :

1° La division de gymnastique à laquelle appartiennent les officiers élèves et les élèves de la troupe;

2° La division d'escrime à laquelle appartiennent les prévôts d'escrime.

Art. 4. Le cadre troupe comprend le petit état-major et les instructeurs.

Le cadre troupe et les hommes de troupe des divisions de gymnastique et d'escrime ne forment qu'une seule unité administrative, dont la gestion est confiée au lieutenant trésorier-comptable.

Art. 5. Au point de vue de la discipline et du service intérieur :

Le petit état-major est placé sous les ordres du lieutenant trésorier-comptable ;

La division de gymnastique (instructeurs, officiers élèves et élèves de la troupe) est placée sous les ordres du capitaine instructeur de gymnastique ;

La division d'escrime (instructeurs et prévôts d'escrime) est placée sous les ordres du capitaine instructeur d'escrime.

Art. 6. Le capitaine instructeur de gymnastique est secondé par les deux lieutenants instructeurs du cadre fixe et par les lieutenants instructeurs auxiliaires du cadre mobile.

Les officiers élèves sont divisés en plusieurs groupes instruits chacun par un lieutenant instructeur auxiliaire.

Les élèves de la troupe sont groupés en plusieurs sections suivant leur nombre.

Chaque section est commandée par un adjudant ou un sergent-major du cadre.

Les instructeurs de gymnastique du cadre fixe et du cadre mobile sont répartis entre les groupes et sections, suivant les besoins de l'instruction technique.

Art. 7. Le capitaine instructeur d'escrime est secondé par le lieutenant instructeur du cadre fixe.

Les prévôts d'escrime sont groupés en trois sections. Chaque section est commandée par un adjudant instructeur d'escrime.

Les sergents chefs de salle et les caporaux moniteurs d'escrime sont répartis entre les sections, suivant les besoins de l'enseignement.

III. — Recrutement des cadres de l'Ecole.

Art. 8. Lorsqu'une vacance est sur le point de se produire dans le cadre, le commandant de l'Ecole en rend compte au Ministre.

OFFICIERS.

Art. 9. Les officiers du cadre fixe sont désignés par le Ministre.

Les lieutenants du cadre mobile sont choisis à la fin de chaque cours parmi les officiers élèves jugés les meilleurs instructeurs. Ils sont désignés par le Ministre sur la proposition du commandant de l'École et maintenus à Joinville pendant la durée d'une nouveau cours.

Le nombre des instructeurs auxiliaires est fixé suivant les besoins de l'enseignement.

CADRE TROUPE.

Art. 10. *Petit état-major*. — Le remplacement des militaires du petit état-major qui sont libérables ou qui ne justifient plus de l'aptitude nécessaire pour l'emploi qu'ils occupent, s'effectue dans la période comprise entre le 1er septembre et le 1er octobre.

Exceptionnellement, le commandant de l'École peut demander, dans le courant de l'année, le remplacement des militaires dont la conduite est mauvaise.

Art. 11. *Instructeurs du cadre fixe*. — En principe, les adjudants instructeurs de gymnastique et d'escrime et les sergents-majors instructeurs de gymnastique sont choisis parmi les sergents instructeurs du cadre fixe.

Les vacances qui se produisent dans les emplois de sergent instructeur de gymnastique et de sergent chef de salle du cadre fixe sont attribuées par le Ministre, sur la proposition du commandant de l'École, à des sergents du cadre mobile pourvus du brevet de « maître de gymnastique » ou du brevet de « maître d'escrime ».

Exceptionnellement, les instructeurs du cadre fixe peuvent être choisis parmi les adjudants ou les sergents des écoles ou des corps de troupe qui auraient fait preuve d'aptitudes remarquables.

Art. 12. *Instructeurs du cadre mobile*. — Les instructeurs du cadre mobile sont désignés par le Ministre, sur la proposition du commandant de l'École.

Les sergents instructeurs de gymnastique du cadre mobile sont choisis par moitié environ, à la fin de chaque cours de gymnastique, parmi les élèves d'infanterie, pourvus du brevet de moniteur, les plus aptes aux fonctions d'instructeur, et sont maintenus à l'École pendant les deux cours qui suivent leur entrée au cadre mobile.

Les caporaux moniteurs d'escrime du cadre mobile sont choisis, à la fin de chaque cours, parmi les prévôts élèves et maintenus à l'École pendant la durée d'un nouveau cours.

Les sergents chefs de salle d'escrime du cadre mobile sont choisis, à la fin de chaque cours, parmi les moniteurs d'escrime les plus capables et sont conservés pendant un nouveau cours.

Art. 13. *Instructeurs des écoles militaires.* — Les sergents instructeurs de gymnastique des écoles militaires sont choisis parmi les sergents moniteurs du cadre mobile sortant.

Les caporaux instructeurs de gymnastique des écoles militaires sont choisis, à la fin de chaque cours, parmi les élèves les mieux notés.

Les sergents moniteurs d'escrime des écoles sont choisis parmi les caporaux moniteurs d'escrime du cadre mobile sortant provenant d'une école, proposés pour le grade de sergent.

Les caporaux moniteurs d'escrime des écoles sont choisis parmi les moniteurs du cadre mobile sortant et à défaut parmi les prévôts élèves les mieux notés qui ne sont pas maintenus à l'École.

Les caporaux moniteurs d'escrime des écoles, proposés pour le grade de sergent, sont admis pendant la durée d'un cours dans le cadre mobile de l'Ecole normale de gymnastique et d'escrime; ils y figurent en surnombre et comptent à leur corps d'origine.

L'état des caporaux moniteurs des écoles, qui sont dans les conditions voulues pour être admis au cadre mobile de l'Ecole de Joinville, est adressé au Ministre (Infanterie, 2e Bureau) le 15 septembre de chaque année, par les soins des commandants des écoles. Le relevé des punitions est joint à cet état.

Art. 14. Les élèves de la troupe des deux divisions qui ne sont pas maintenus dans le cadre mobile ou qui ne sont pas nommés dans les écoles militaires, à la fin de leur séjour à l'Ecole, sont rendus à leur corps d'origine.

Les militaires du cadre mobile qui ne passent pas au cadre fixe ou qui ne sont pas nommés dans les écoles, à la fin de leur séjour à l'Ecole, sont rendus à leur corps d'origine.

Toutefois, ceux d'entre eux qui ont fait preuve de qualités exceptionnelles les rendant susceptibles de passer par la suite dans le cadre fixe, peuvent être maintenus à l'Ecole, sauf à diminuer d'autant le nombre des sergents et caporaux à admettre au cadre mobile, de manière à ne pas dépasser le chiffre fixé par le décret du 7 août 1902.

Inversement, les sergents et caporaux du cadre mobile qui n'auraient pas une conduite parfaite ou qui ne satisferaient plus aux conditions d'aptitude requises sont proposés au Ministre pour être renvoyés dans leur corps.

Les sergents chefs de salle du cadre mobile, appartenant à des régiments stationnés hors de France, qui ne sont pas désignés pour le cadre fixe, bien que pourvus du brevet de maître d'escrime, sont maintenus en subsistance à l'Ecole jusqu'à ce qu'ils soient nommés à un emploi de maître d'escrime dans un corps de troupe.

Art. 15. Les nominations aux grades et emplois dans le cadre troupe sont faites par le commandant de l'Ecole, dans les conditions déterminées par le décret du 21 juillet 1877, sauf en ce qui concerne les nominations au grade de caporal et de sergent dans le cadre mobile qui sont faites par le Ministre, sur la proposition du commandant de l'Ecole.

IV. — Attributions et rôle des divers grades.

COMMANDANT DE L'ÉCOLE.

Art. 16. L'autorité du commandant de l'Ecole s'étend à toutes les parties du service, de l'administration et de l'enseignement technique de l'Ecole.

Il correspond directement avec le Ministre de la guerre (Direction de l'Infanterie, 2e Bureau). Il se conforme aux dispositions de la note ministérielle du 22 décembre 1888, en ce qui concerne ses rapports avec le gouverneur militaire de Paris.

Il est investi, au point de vue de la discipline, des pouvoirs dévolus au chef de corps. Il se conforme aux dispositions de l'article 15 du présent règlement, pour les nominations aux grades et emplois dans le cadre de l'Ecole.

Il prend toutes les dispositions que peuvent nécessiter les circonstances imprévues, sauf à en rendre compte au Ministre. Il l'informe télégraphiquement de tout fait ou accident grave survenu à l'Ecole.

Art. 17. Les permissions et congés sont accordés au commandant de l'Ecole par le Ministre, aux officiers et aux hommes de troupe dans les conditions déterminées par le décret du 1er mars 1890.

Art. 18. Le commandant de l'Ecole a la haute direction de l'enseignement technique. Il veille à l'application des programmes arrêtés par le Ministre, dirige le personnel des instructeurs et s'assure qu'il se tient constamment à hauteur des progrès réalisés en France ou à l'étranger, dans toutes les sciences qui ont trait à la pratique des exercices du corps et à l'éducation physique. Il prescrit les études qu'il serait utile de faire dans ce but et guide les instructeurs dans les travaux spéciaux qu'ils auraient à exécuter.

Art. 19. Le commandant de l'Ecole a la haute surveillance de la bibliothèque et du matériel d'instruction. Il examine les propositions d'achat qui lui sont faites par le professeur de physiologie, les instructeurs et le médecin de l'Ecole, et décide des dépenses à engager, en restant dans les limites du budget du matériel.

La bibliothèque doit renfermer tous les ouvrages scientifiques qui sont de nature à faciliter les travaux des officiers instructeurs et des officiers élèves, et, pour les principaux, en nombre d'exemplaires suffisant, pour que tous les élèves puissent les consulter pendant leur passage à l'Ecole.

Le matériel d'instruction comprend : 1° tous les objets qui peuvent faciliter les études et les expériences entreprises par les officiers de l'Ecole, et l'enseignement des matières du programme ; 2° les appareils nécessaires pour l'étude des procédés en usage ou à l'essai en France et à l'étranger.

Art. 20. Le commandant de l'Ecole prend l'initiative des propositions à faire pour l'entretien et l'amélioration du casernement de l'Ecole. Il fait à ce sujet, en temps opportun, des propositions au Ministre (Direction de l'Infanterie, 2° Bureau). Le Ministre détermine l'ordre d'urgence des travaux qui devront être étudiés de concert avec le service local du génie dans les conditions fixées par les règlements en vigueur.

Les modifications au casernement de l'Ecole doivent avoir, d'une manière générale, pour premier objet, d'améliorer les conditions dans lesquelles se donne l'enseignement.

Art. 21. Chaque année, à la date du 15 août, le commandant de l'Ecole rend compte au Ministre des travaux exécutés et des expériences faites dans le courant de l'année précédente. Il y joint l'état des livres et objets achetés pour la bibliothèque de l'Ecole ou comme matériel d'instruction, ainsi que celui des améliorations réalisées au casernement. Il présente, sous forme de conclusion. à son rapport annuel, des propositions au sujet des mesures qui seraient de nature à développer ou à perfectionner les méthodes d'enseignement de la gymnastique ou de l'escrime.

Art. 22. Le commandant de l'Ecole remplit, vis-à-vis des élèves, le rôle d'un chef de corps. Il les note à la fin de chaque cours sur leur manière de servir, leur zèle et le fruit qu'ils ont tiré de l'enseignement de l'Ecole. Il annote les travaux écrits des officiers éèves. Ces travaux sont adressés au Ministre à la fin du cours.

Le commandant de l'Ecole s'attache à reconnaître, parmi les officiers élèves qui montrent des aptitudes spéciales à l'enseignement de la gymnastique et de l'escrime, ceux qui peuvent être désignés pour remplir soit à l'Ecole, soit dans les écoles militaires, les fonctions d'instructeur de gymnastique ou d'escrime. Quinze jours avant la fin de chaque cours, le commandant de l'Ecole adresse au Ministre la liste des officiers élèves et des élèves de la troupe qu'il propose pour constituer le cadre mobile de l'Ecole et celle des élèves de la troupe qu'il propose pour les Ecoles militaires. A ces listes sont joints les relevés de punitions.

A chaque renouvellement de cours, il fait parvenir au Ministre une situation nominative du personnel de l'Ecole (cadre fixe et cadre mobile).

Art. 23. Chaque année, il adresse au Ministre, pour le 15 août, l'état des hommes du petit état-major dont il demande le remplacement, en spécifiant le motif de la demande et la nature de l'emploi à pourvoir.

A la fin du deuxième cours, le commandant de l'Ecole fait connaître au Ministre si le nombre des élèves de la troupe admis à l'Ecole permet d'assurer dans de bonnes conditions le recrutement des cadres enseignants de la gymnastique et de l'escrime.

Art. 24. En cas d'absence, le commandant de l'Ecole est remplacé dans ses fonctions par le capitaine instructeur le plus ancien.

LIEUTENANT TRÉSORIER-COMPTABLE.

Art. 25. Le lieutenant trésorier-comptable est membre du conseil d'administration de l'Ecole. Il est chargé de tous les détails relatifs au service de la solde, du matériel, de l'habillement, du campement, du harnachement, du casernement et de l'armement.

Il administre l'unité administrative formée de la réunion des deux divisions et du cadre troupe.

Il commande, en outre, le petit état-major.

Il établit journellement une situation administrative pour tout le personnel de l'Ecole, ainsi que la feuille de prêt et la feuille de journées de l'unité. Les capitaines qui commandent les divisions de gymnastique et d'escrime lui font connaître chaque jour, par un avis de mutations, les mutations survenues la veille dans chacune de ces divisions.

Art. 26. Le trésorier-comptable gère les ordinaires des élèves et du cadre. Il a, à cet égard, les attributions d'un commandant de compagnie.

La cuisine, les réfectoires, l'éclairage et le chauffage de l'Ecole sont dans ses attributions. Il dresse le tableau des menus et le soumet chaque semaine à l'approbation du commandant de l'Ecole.

MÉDECIN.

Art. 27. Le médecin est chargé du service sanitaire de l'Ecole.

Il professe le cours d'anatomie aux élèves des deux divisions.

Il éclaire le commandant de l'Ecole sur les précautions à prendre en vue d'éviter les accidents ou le surmenage.

Le médecin ne doit s'éloigner ni de l'Ecole, ni de son logement, sans faire connaître où il pourra être promptement trouvé en cas d'accident, de jour ou de nuit.

CAPITAINES INSTRUCTEURS.

Art. 28. Chaque capitaine instructeur est chargé de la tenue, de la discipline et de l'instruction technique des cadres et des élèves de sa division; il possède, à cet égard, les attributions d'une commandant de compagnie.

Ses fonctions administratives sont analogues à celles du capitaine de compagnie, sauf en ce qui concerne les perceptions de toute nature, les ordinaires, l'habillement, le casernement et les lits militaires, qui sont placés dans les attributions du trésorier-comptable.

Il tient le contrôle des élèves et du cadre de sa division, ainsi que le registre des punitions; il fait établir chaque jour la situation-rapport indiquant les punitions, ainsi que les demandes de toute nature concernant le personnel sous ses ordres.

Il fait connaître tous les soirs au trésorier-comptable les mutations survenues depuis la veille au soir. Un adjudant ou un sergent-major instructeur seconde le capitaine pour la comptabilité de la division.

Art. 29. Les capitaines instructeurs donnent, chacun dans leur division, l'enseignement technique sous le contrôle du commandant de l'Ecole. Ils jouissent à ce sujet de la plus large initiative, en restant toujours dans les limites des programmes ministériels.

Art. 30. Les capitaines instructeurs sont responsables de l'entretien du matériel technique en usage dans leur division; ils provoquent les réparations nécessaires, s'assurent de leur bonne exécution et prennent l'initiative des propositions à faire pour l'achat de nouveau matériel ou pour l'amélioration du matériel existant. Ils font également des propositions au sujet des livres dont il est utile de pourvoir la bibliothèque.

Art. 31. Les capitaines instructeurs rendent compte de tous les accidents qui peuvent survenir dans le travail d'instruction, en én indiquant la cause, la nature et les moyens d'en prévenir le retour.

Le capitaine instructeur d'escrime remplit les fonctions de major; il conserve et tient à jour les dossiers relatifs à la mobilisation.

Art. 32. Outre les fonctions spéciales qui leur incombent au point de vue de l'enseignement des divers cours, les capitaines instructeurs participent aux travaux et aux études entrepris à l'Ecole.

PROFESSEUR DE PHYSIOLOGIE APPLIQUÉE.

Art. 33. Le professeur de physiologie est sous les ordres directs du commandant de l'Ecole. Il professe le cours de physiologie appliquée, dont les principes servent de base à l'enseignement de l'Ecole.

Il dirige les expériences et les études poursuivies à l'Ecole sur les matières qui se rapportent à son enseignement. Il fait à ce sujet, au commandant, toutes les propositions qu'il juge utiles.

Il est responsable du matériel spécial mis à sa disposition pour les expériences.

Art. 34. Le professeur de physiologie a la mission de suivre les études qui se poursuivent en dehors de l'armée, et même à l'étranger, sur les questions qui se rapportent à la physiologie des exercices du corps, et de tenir toujours le commandant de l'Ecole au courant du mouvement des idées et des progrès réalisés.

LIEUTENANTS INSTRUCTEURS.

Art. 35. Les lieutenants instructeurs du cadre fixe et du cadre mobile sont à la disposition des capitaines instructeurs pour toutes les parties du service et de l'instruction technique.

Ils remplissent, à tour de rôle, les fonctions d'adjudant-major de semaine.

PETIT ÉTAT-MAJOR.

Art. 36. Les militaires du petit état-major sont sous les ordres du lieutenant trésorier-comptable pour l'exécution de tous les services qu'il dirige.

L'adjudant comptable seconde le trésorier-comptable pour la tenue de la comptabilité-deniers et de la comptabilité-matières. Il a sous ses ordres directs les sergents secrétaire et garde-magasin, les caporaux et soldats secrétaires.

Le sergent fourrier et le caporal adjoint au fourrier sont chargés des écritures de l'unité administrative. Ils assurent, en même temps, le service des distributions.

Art. 37. Les soldats ordonnances sont mis à la disposition des officiers élèves, à raison d'un soldat pour deux officiers, aux heures et dans les conditions fixées par le commandant de l'Ecole.

Les fonctions des soldats, dont l'emploi n'a pas été prévu par le présent règlement, sont déterminées par le commandant de l'Ecole qui pourra les affecter à toutes les parties du service.

Art. 38. Outre les fonctions qui leur sont attribuées par le décret du 7 août 1902, les militaires du petit état-major, y compris les soldats ordonnances des officiers élèves, peuvent être employés à d'autres services dans les conditions fixées par le commandant de l'Ecole.

INSTRUCTEURS.

Art. 39. Les instructeurs du cadre fixe et les instructeurs du cadre mobile sont à la disposition des capitaines instructeurs pour le service intérieur et l'instruction technique.

Art. 40. Les adjudants, les sergents chefs de salle et les caporaux moniteurs d'escrime détachés au Cercle militaire restent placés sous l'autorité directe du commandant de l'Ecole, au point de vue disciplinaire et en dehors de leur service spécial; en principe, ces militaires sont maintenus dans leurs fonctions d'une façon permanente, à l'exception de l'adjudant maître d'escrime de la salle de l'avenue de l'Opéra qui y est détaché pour une période de cinq années.

Un mois avant l'époque des concours pour l'obtention du brevet de maître d'escrime, les caporaux moniteurs du Cercle militaire qui seraient dans les conditions voulues pour prendre part aux épreuves sont rappelés à l'Ecole pour y recevoir une préparation intensive. Ils sont remplacés momentanément, au Cercle, par des caporaux moniteurs du cadre mobile désignés par le commandant de l'Ecole.

Celui-ci en rend compte au général gouverneur militaire de Paris.

V. — Notes, récompenses et brevets.

NOTES.

Art. 41. A la fin de chaque cours, il est établi, pour chacun des officiers élèves, des instructeurs du cadre mobile et des élèves de la troupe, des états de notes conformes au n° 1 et au n° 2, et résumant les résultats obtenus dans les différentes parties de l'enseignement.

Les notes des officiers, accompagnées de l'appréciation du commandant de l'Ecole, sont adressées au Ministre et transmises par lui aux chefs de corps.

Les travaux écrits exécutés par les officiers pendant leur séjour à l'Ecole sont joints à l'état de notes; ces travaux sont revêtus des corrections du professeur de physiologie ou des instructeurs et de l'appréciation du commandant de l'Ecole.

Les notes des instructeurs du cadre mobile qui sont proposés pour passer au cadre fixe ou pour passer dans le cadre des écoles sont jointes à l'état de proposition.

Les notes des élèves de la troupe et celles des instructeurs du cadre mobile qui quittent l'Ecole, pour rentrer à leur corps d'origine, sont adressées directement aux chefs de corps par le commandant de l'Ecole.

RÉCOMPENSES.

Officiers.

Art. 42. Les officiers qui se distinguent par leur zèle et leur application ou qui fournissent des travaux remarquables, sont proposés au Ministre pour être l'objet d'une récompense.

Il est tenu compte des notes obtenues à l'Ecole pour la désignation aux emplois d'instructeur dans les écoles militaires.

Élèves de la troupe.

Art. 43. Les élèves de la troupe qui ont obtenu les meilleures notes reçoivent, à la fin de chaque cours, des mentions honorables et des prix consistant en médailles en vermeil et en argent, décernées par le Ministre sur la proposition du commandant de l'Ecole.

Les récompenses sont remises, par le commandant de l'Ecole, aux intéressés ou adressées par lui au chef de corps.

Mention de ces récompenses est faite au *Bulletin officiel* du ministère de la guerre.

BREVETS.

Art. 44. Les brevets accordés à l'Ecole comprennent :
1° Des brevets de moniteur de gymnastique ;
2° Des brevets de maître de gymnastique ;
3° Des brevets de maître d'escrime.

Le nombre des brevets à accorder est fixé, à la fin de chaque cours, par le Ministre, sur la proposition du commandant de l'Ecole qui se base sur la valeur des sujets qui sont susceptibles de les recevoir.

Les brevets de moniteur de gymnastique sont délivrés, à la fin de chaque cours, aux meilleurs élèves de la troupe de la division de gymnastique.

Les brevets de maître de gymnastique sont délivrés, à la fin de chaque cours, aux instructeurs de gymnastique du cadre mobile qui ont fait preuve de solides qualités d'instructeur.

Les brevets de maître d'escrime sont délivrés aux caporaux moniteurs d'escrime et aux sergents chefs de salle du cadre mobile à la suite du concours dont il est question au n° 46.

VI. — Concours généraux.

Art. 45. Les concours généraux pour l'emploi d'adjudant d'escrime et pour l'obtention du brevet de maître d'escrime ont lieu à l'Ecole normale de gymnastique et d'escrime devant un jury composé de la manière suivante :

Le général commandant le département de la Seine, président ;

Un officier supérieur de la garnison de Paris, désigné par le général gouverneur militaire de Paris, en raison de sa compétence en escrime;
Le chef de bataillon commandant l'Ecole, membre;
Le capitains instructeur d'escrime, membre;
Le lieutenant instructeur d'escrime, membre;
Les trois adjudants d'escrime, membres.

CONCOURS POUR L'EMPLOI D'ADJUDANT D'ESCRIME.

Art. 46. Le Ministre fixe les dates du concours et les conditions d'ancienneté à remplir par les maîtres d'escrime pour prendre part aux épreuves.

Deux mois avant la date fixée, les généraux commandant les corps d'armée adressent au Ministre (Direction de l'Infanterie, 2ᵉ Bureau) pour chaque sous-officier présenté :

1° Le relevé des punitions;
2° L'état signalétique et des services;
3° Une feuille de notes, conforme au modèle n° 3, qui est remplie par le chef de corps.

Ces pièces sont réunies dans un état récapitulatif qui porte, pour chaque candidat, l'avis du général commandant le corps d'armée.

Le commandant de l'Ecole normale de gymnastique et d'escrime se conforme aux mêmes dispositions en ce qui concerne les instructeurs de l'Ecole qui seraient susceptibles de concourir pour l'emploi d'adjudant d'escrime.

Les candidats autorisés à concourir sont désignés par le Ministre.

Le jury de l'Ecole normale de gymnastique et d'escrime établit un classement des candidats par ordre de préférence, en se basant sur la valeur technique, la conduite, la manière habituelle de servir, l'ancienneté des services (campagnes comprises), l'ancienneté de grade et de fonctions.

Le président du jury d'examen adresse au Ministre un rapport détaillé sur les opérations du concours; il y joint la liste de classement des candidats.

Le Ministre fixe le nombre des maîtres d'escrime proposés qui seront inscrits sur le tableau d'avancement pour le grade d'adjudant maître d'escrime. Le tableau d'avancement est publié au *Bulletin officiel* du ministère de la guerre.

CONCOURS POUR LE BREVET DE MAITRE D'ESCRIME.

Art. 47. Le concours pour l'obtention du brevet de maître d'escrime a lieu chaque année le 16 août, à l'Ecole normale de gymnastique et d'escrime, entre les prévôts des corps de troupe et les instructeurs du cadre mobile de l'Ecole.

Les candidats des corps sont désignés par les généraux

commandant les corps d'armée parmi les prévôts de toutes armes préalablement examinés et classés dans les derniers jours du mois de juillet de chaque année par les jurys régionaux dont la composition est fixée par l'instruction du 7 août 1902.

Sont seuls admis à se présenter devant les jurys régionaux les prévôts qui remplissent les conditions de conduite et de moralité requises pour devenir sous-officier.

Les généraux commandant les corps d'armée adressent directement au commandant de l'Ecole, le 10 août au plus tard, la liste des candidats désignés.

Cette liste renferme pour chaque candidat :

1° Le relevé des punitions ;
2° L'état signalétique et des services ;
3° Une feuille de notes modèle n° 3, remplie par le chef de corps.

Seront seuls admis à subir les épreuves, les militaires qui sont portés sur les listes établies par les généraux commandant les corps d'armée. Les frais de route alloués à ceux des militaires qui auraient été dirigés à tort sur Joinville seront imputés à l'autorité qui les aura indûment autorisés à se déplacer.

Les instructeurs du cadre mobile de l'Ecole normale de gymnastique et d'escrime, appelés à prendre part au concours, sont désignés par le commandant de l'Ecole.

En dehors du concours général, qui a lieu le 16 août, le commandant de l'Ecole peut provoquer la réunion du jury d'examen pour délivrer le brevet de maître d'escrime aux instructeurs du cadre mobile qui pourraient être appelés à occuper les vacances de maître d'escrime qui viendraient à se produire dans l'intervalle de deux concours généraux.

Le président du jury d'examen adresse au Ministre un rapport détaillé sur les opérations du concours. Il y joint :

1° L'état de classement par ordre de mérite des candidats qui ont obtenu le brevet de maître d'escrime ;
2° L'état, par ordre de classement, des candidats éliminés.

Art. 48. Les vacances de maître d'escrime sont attribuées aux sous-officiers pourvus du brevet de maître, dans l'ordre du classement, sauf en ce qui concerne celles qui viennent à se produire dans les corps de troupes de cavalerie. Ces vacances sont réservées exclusivement aux maîtres provenant de la cavalerie, en suivant l'ordre de leur inscription sur l'état de classement.

Si les candidats de cette catégorie ne sont pas assez nombreux pour combler toutes les vacances, le Ministre désigne pour occuper lesdits emplois, des maîtres provenant de l'artillerie à cheval, et, à défaut seulement, des maîtres provenant des corps de troupe à pied.

<table>
<tr><td>

MINISTÈRE
DE LA GUERRE.

DIRECTION
DE L'INFANTERIE.

2ᵉ BUREAU
(Instruction, etc.)

</td><td>

MODÈLE Nᵒ 1.

ÉCOLE NORMALE DE GYMNASTIQUE ET D'ESCRIME.

• COURS DE L'ANNÉE 190 .

</td></tr>
</table>

Etat des notes obtenues par M.

Lieutenant au   ° { régiment d'infanterie.
{ bataillon de chasseurs à pied.

Anatomie sommaire. Hygiène de l'exercice et soins aux blessés.	
Physiologie appliquée et éducation physique.	
Etude théorique et pratique des exercices prévus par le Règlement sur l'instruction de la gymnastique.	
Etude théorique et pratique de la méthode d'instruction.	
Escrime.........................	
Equitation........................	

APPRECIATION DU COMMANDANT DE L'ECOLE.

A Joinville-le-Pont, le   190 .

Le Chef de bataillon commandant l'Ecole,

MODÈLE N° 2.

MINISTÈRE
DE LA GUERRE.

DIRECTION
DE L'INFANTERIE.
—

2ᵉ BUREAU
(Instruction, etc.).

MODÈLE N° 2.

ÉCOLE NORMALE DE GYMNASTIQUE ET D'ESCRIME.

COURS DE L'ANNÉE 190

ÉTAT des notes obtenues par (1)

Eléments d'anatomie..........	
Eléments de physiologie appliquée.	
Règlement sur l'instruction de la gymnastique.	
Instruction pratique : Exercices physiques.......... Escrime à la baïonnette.... Escrime au fleuret.......... Escrime à l'épée.............. Jeux, danse et chant........ Manœuvre de la pompe..... Natation.	
Aptitudes aux fonctions d'instructeur.	
Notes du chef de bataillon commandant l'Ecole (2).	
Brevets, mentions et récompenses.	

A Joinville-le-Pont, le   190

Le Chef de bataillon commandant l'Ecole,

(1) Indication du nom, du grade et du corps.
(2) Indiquer, s'il y a lieu, si le militaire noté a occupé un emploi dans une école et s'il est proposé pour le grade supérieur.

NOTA. — Le présent modèle est employé pour les sous-officiers, caporaux et soldats de la division de gymnastique et de la division d'escrime, en utilisant, pour chaque division, les casiers qui répondent aux matières du programme.

MODÈLE Nº 3.

• CORPS D'ARMÉE.

(1)

FEUILLE DE NOTES.

<table>
<tr><td>

Nom :

Prénoms :

Grade :

Date {
de la naissance :

d'entrée en fonctions comme maître d'escrime (2) :

de la nomination au grade de sergent :
}

</td><td>

	ANS.	MOIS.	JOURS.
Nombre d'années de service régulièrement constatées au 31 décembre 190			
Comme sous-officier.			
Comme maître d'escrime titulaire....			

Nombre de campagnes { non de guerre..... / de guerre..........

Blessures. { dans son service spécial. .... / de guerre..........

Décorations. {

</td></tr>
<tr><td>

Conduite.

Tenue.

Instruction militaire.

Habileté dans l'escrime.

Aptitude à bien démontrer.

Manière de servir.

Consacre-t-il son temps à l'enseignement du corps ?

ou

Est-il enclin à rechercher des leçons en dehors du corps ?

</td><td>

NOTES DU CHEF DE CORPS.

</td></tr>
</table>

(1) Indiquer le corps.
(2) Date de la nomination par le Ministre à un emploi de maître d'escrime.

A   , le   190 .

Le chef de corps.

Paris et Limoges. — Imprimerie militaire Henri Charles-Lavauzelle.